Alle meine liebsten Märchen

Bilder von Irene Mohr

ess!inger

Inhalt

Rotkäppchen

Es war einmal ein kleines Mädchen, das hatte von seiner Großmutter ein schönes rotes Käppchen bekommen. Und weil es dieses Käppchen jeden Tag trug, wurde es von allen „Rotkäppchen" genannt.

Eines Tages wurde die Großmutter krank. Sie wohnte ganz allein mitten im Wald.

„Komm, Rotkäppchen", sagte die Mutter. „Bring der Großmutter Kuchen und Wein, damit sie bald wieder gesund wird. Aber geh' nicht vom Weg ab!"

Rotkäppchen versprach es und ging gleich los.

Im Wald traf Rotkäppchen den bösen Wolf: „Guten Tag, Rotkäppchen", sprach er. „Wo willst du hin?"

Rotkäppchen erzählte ihm von der kranken Großmutter.

„Pflück ihr doch ein paar Blumen", sagte der Wolf.

Rotkäppchen vergaß, was es der Mutter versprochen hatte, und lief auf die Wiese.

6

Der Wolf aber ging geradewegs zum Haus der Großmutter und klopfte an die Tür.

„Komm nur herein, Rotkäppchen!", rief die Großmutter.

Da sprang der Wolf ins Zimmer und verschlang die Großmutter. Dann setzte er sich ihre Haube auf und legte sich ins Bett. Nach einer Weile kam Rotkäppchen und trat in das Häuschen hinein. Die Großmutter sah heute merkwürdig aus!

„Großmutter, was hast du denn für große Ohren?"

„Damit ich dich besser hören kann."

„Großmutter, was hast du für große Augen?"

„Damit ich dich besser sehen kann."

„Großmutter, was hast du für große Hände?"

„Damit ich dich besser packen kann."

„Aber Großmutter, was hast du für einen großen Mund?"

„Damit ich dich besser fressen kann!", rief der Wolf, sprang mit einem Satz aus dem Bett und verschlang auch das arme Rotkäppchen.

8

Danach wurde der Wolf ganz müde und legte sich wieder ins Bett. Er schnarchte so laut, dass es ein Jäger hörte. Der Jäger trat in das Haus der Großmutter. Und was sah er da? Den bösen Wolf, den er schon lange gesucht hatte! Der Jäger nahm sein Gewehr. Aber da fiel ihm ein, dass der Wolf vielleicht die Großmutter gefressen hatte. Er nahm eine Schere und schnitt dem Wolf – schnipp, schnapp – den Bauch auf. Was für ein Glück! Rotkäppchen und die Großmutter lebten noch. Der Jäger half beiden heraus. Dann füllte er den Bauch des Wolfes mit großen Steinen und nähte ihn wieder zu. Als der Wolf aufwachte, wollte er fortspringen. Aber die Steine waren viel zu schwer und er plumpste tot zu Boden. Alle waren gerettet und freuten sich sehr. Und das kleine Rotkäppchen versprach, nie mehr allein vom Weg abzugehen.

Schneewittchen

Es war einmal eine Königin, die wünschte sich sehnlichst ein Kind. Ihr Wunsch wurde erfüllt und sie bekam eine kleine Tochter. Die wurde wegen ihrer schneeweißen Haut von allen das „Schneewittchen" genannt. Bald darauf starb die Königin. Nachdem ein Jahr vergangen war, heiratete der König eine andere Frau. Sie war zwar schön, aber auch stolz und hochmütig und konnte es nicht ertragen, wenn jemand schöner war als sie. Jeden Tag trat sie vor ihren Zauberspiegel und fragte: „Spieglein, Spieglein an der Wand, wer ist die Schönste im ganzen Land?"

Der Spiegel antwortete ihr: „Frau Königin, Ihr seid die Schönste im ganzen Land!" Da war die Königin zufrieden.

Schneewittchen wuchs zu einem hübschen Mädchen heran.
Eines Tages befragte die Königin erneut ihren Spiegel.
Da antwortete er: „Frau Königin, Ihr seid die Schönste hier,
aber Schneewittchen ist tausendmal schöner als Ihr."
Voller Hass ließ sie einen Jäger rufen, der Schneewittchen in
den Wald mitnehmen und dort umbringen sollte.
Der Jäger aber hatte Mitleid mit ihm und ließ es laufen.
Schneewittchen lief ganz allein durch den Wald, bis es an ein
kleines Häuschen kam. Darin sah alles so klein und winzig
aus: Da stand ein weißgedecktes Tischlein mit sieben kleinen
Tellerchen und an der Wand standen sieben kleine Bettchen.
Schneewittchen aß von jedem Teller ein bisschen Gemüse.
Und weil es so müde war, legte es sich in eines der Bettchen.

Am Abend kamen die Bewohner des Hauses von der Arbeit zurück. Es waren die sieben Zwerge. Sie sahen sofort, dass nicht alles so war, wie es sein sollte.

„Wer hat von meinem Tellerchen gegessen?", fragte einer der sieben Zwerge. „Und wer hat aus meinem Becherchen getrunken?", fragte ein anderer.

Als sie aber das schöne Schneewittchen erblickten, wie es so friedlich schlief, schlossen sie es sofort ins Herz.

Schneewittchen durfte bei den sieben Zwergen bleiben.
Im Schloss befragte die Königin wieder ihren Spiegel.
Dieses Mal antwortete er ihr: „Frau Königin, Ihr seid die
Schönste hier, aber Schneewittchen über den Bergen bei
den sieben Zwergen ist noch tausendmal schöner als Ihr."
Wütend musste die Königin feststellen, dass Schneewittchen
am Leben war. Sie verkleidete sich als Bauersfrau und ging
mit einem Korb voller Äpfel zu den sieben Zwergen.
Dort klopfte sie an die Tür und bot ihre Ware an.
Die Zwerge hatten Schneewittchen vor der bösen Königin
gewarnt. Als Schneewittchen aber den schönen roten Apfel
sah, konnte es nicht länger widerstehen. Doch kaum hatte es
einen Bissen im Mund, fiel es wie tot zu Boden.
   Die böse Königin lachte. Sie hatte den Apfel vergiftet,
    weil sie Schneewittchen ein für alle Mal loswerden wollte.

16

Abends entdeckten die sieben Zwerge das leblose
Schneewittchen und weinten sehr. Es sah immer noch
so schön aus, dass sie es in einen gläsernen Sarg legten.
Eines Tages ritt ein Prinz durch den Wald. Als er
Schneewittchen sah, hatte er es gleich so lieb, dass er es
mitnehmen wollte. Die Zwerge hatten Mitleid mit dem
Prinzen und gaben ihm den Sarg.

Seine Diener mussten den schweren Sarg auf ihren
Schultern forttragen. Da geschah es, dass sie über einen
Stein stolperten.
Was für ein Glück! Denn dabei rutschte das vergiftete
Apfelstück heraus. Schneewittchen schlug verwundert die
Augen auf und war wieder lebendig. Die Zwerge und der
Prinz waren überglücklich und bald darauf wurde Hochzeit
gefeiert.

19

Frau Holle

Es war einmal eine Witwe, die hatte zwei Töchter. Die eine war schön und fleißig, die andere hässlich und faul. Sie hatte aber das faule Mädchen viel lieber, weil es ihr eigenes Kind war. Das Mädchen durfte deshalb faulenzen, so oft es wollte. Die schöne Stieftochter aber musste jeden Tag so viel spinnen, dass ihr die Finger weh taten. Eines Tages beugte sie sich über den Brunnen, um die Spindel zu waschen. Da fiel ihr die Spindel hinein und sie sprang hinterher. Auf einmal schlief sie ein und als sie wieder aufwachte, war sie auf einer Wiese voller schöner Blumen. Sie lief über die Wiese und kam zu einem Backofen, in dem Brot backte. Das Brot rief: „Ach, zieh mich raus, zieh mich raus, sonst verbrenne ich. Ich bin schon längst fertig gebacken!"
Das Mädchen zog das Brot aus dem Ofen heraus und kam zu einem Apfelbaum, der rief: „Ach, schüttel mich, schüttel mich, wir Äpfel sind alle längst reif!"
Das Mädchen lachte und schüttelte den Baum, bis kein Apfel mehr an ihm hing.

20

21

Das Mädchen ging weiter und kam zu einem Haus, aus dem eine alte Frau herausschaute. Sie sagte ganz freundlich: „Ich bin die Frau Holle. Wenn du ordentlich im Haushalt mithilfst, wirst du es gut bei mir haben. Du musst nur mein Bett machen und es fleißig aufschütteln, sodass die Federn fliegen. Dann schneit es nämlich in der Welt."
Das Mädchen blieb bei ihr und die Arbeit machte ihm Freude.

Eines Tages wollte es aber doch wieder nach Hause.
Frau Holle brachte das Mädchen zu einem Tor. Als es darunter
stand, fiel ein herrlicher Goldregen herab und das ganze Gold
blieb an dem Mädchen hängen.
„Das sollst du haben, weil du so fleißig gewesen bist", sagte
Frau Holle und gab ihm auch die Spindel zurück. Dann machte
sie das Tor hinter ihm zu.

Als die Stieftochter wieder nach Hause kam, saß ein Hahn auf dem Brunnen und rief: „Kikeriki, da kommt die Goldmarie!"
Sie erzählte der Mutter und der Schwester, was passiert war.
Die Mutter schickte sofort ihre faule Tochter zum Brunnen.
Doch als die Faule auf der Wiese angekommen war, holte sie kein Brot aus dem Ofen und schüttelte auch den Apfelbaum nicht.
Sie lief schnurstracks zum Haus von Frau Holle.
Am ersten Tag bemühte sie sich noch bei der Arbeit, aber schon am zweiten Tag begann sie zu faulenzen. Am dritten Tag wollte sie morgens gar nicht mehr aufstehen. Bald hatte Frau Holle genug und schickte die Faule nach Hause.
Unter dem Tor angekommen wartete sie auf den Goldregen.
Doch was war das? Es regnete kein Gold, sondern schwarzes Pech auf sie herab. „Das kriegst du, weil du so faul warst", sagte Frau Holle und schloss das Tor.
Als die Faule nach Hause kam, krähte der Hahn: „Kikeriki, da kommt die Pechmarie!"

25

Hänsel und Gretel

Es war einmal ein armer Holzfäller, der wohnte mit seinen
zwei Kindern Hänsel und Gretel in einer kleinen Hütte am
Waldrand. Die Mutter war früh gestorben und so hatte der
Mann ein zweites Mal geheiratet. Doch die Stiefmutter war
sehr böse und konnte Hänsel und Gretel nicht leiden.
Eines Abends, als die Kinder schon im Bett waren, sagte der
Mann zu seiner Frau: „Was soll nur aus uns werden? Wir
haben nicht mehr genug zu essen für uns und die Kinder!"
Die Frau antwortete: „Dann müssen wir die Kinder loswerden.
Am besten bringen wir sie in den Wald und lassen sie dort
alleine."
Der Plan der bösen Stiefmutter tat dem Vater im Herzen weh,
doch sie ließ ihm keine Ruhe, bis er schließlich nachgab.
Die beiden Kinder konnten in dieser Nacht nicht schlafen und
hatten jedes Wort gehört. Gretel weinte, doch Hänsel sprach
zu ihr: „Hab keine Angst, ich hole von draußen weiße
Kieselsteinchen. Wir werfen diese heimlich auf den Weg,
damit wir wieder zurückfinden."

Am nächsten Morgen ließ Hänsel auf dem Weg in den Wald
alle paar Schritte ein Kieselsteinchen fallen. Als sie mitten
im Wald angekommen waren, machten Vater und Mutter ein
Feuer und sprachen: „Wartet hier auf uns, bis wir von der
Arbeit zurückkommen."
Da saßen die Kinder und meinten, Axtschläge zu hören.
Aber es war nur ein trockener Ast, den der Wind hin und her
schlug. Es wurde Abend, doch die Eltern kamen nicht zurück.

Da nahm Hänsel sein Schwesterchen bei der Hand und ging den Kieselsteinen nach, die im Mondlicht schimmerten und ihnen den Weg nach Hause zeigten. Die Stiefmutter war gar nicht froh, die beiden wiederzusehen. Nach ein paar Tagen brachten die Eltern die Kinder noch tiefer in den Wald. Hänsel hatte keine Steinchen holen können und warf daher kleine Brotstücke auf den Weg. Doch dieses Mal konnte Hänsel den Weg zurück nicht finden. Die Vögel hatten alles aufgepickt.

Lange irrten die Kinder durch den dunklen Wald, bis sie an ein kleines Haus gelangten. Es war ganz aus Kuchen und Zuckerwerk gebaut!

Als Hänsel gerade ein Stück vom Dach abbrechen wollte, rief eine Stimme aus dem Haus: „Knusper, knusper, knäuschen, wer knuspert an meinem Häuschen?" – Die Kinder antworteten: „Der Wind, der Wind, das himmlische Kind!"

Da erschien eine bucklige, alte Frau an der Tür, die sie einlud, hereinzukommen. Aber in Wirklichkeit war die alte Frau eine böse Hexe. Als die Kinder schliefen, packte sie Hänsel und sperrte ihn in einen Käfig. Dann ging sie zu Gretel und rief: „Koche deinem Bruder etwas Gutes, ich will ihn braten und dann aufessen!"

Die arme Gretel musste tun, was die böse Hexe verlangte.

Von nun an ging die Hexe jeden Morgen zu Hänsel, um an seinem Finger zu testen, ob er schon fett genug war. Der schlaue Hänsel aber streckte der Alten nur einen Hühnerknochen entgegen. Da die Hexe nicht mehr gut sehen konnte, bemerkte sie es nicht und wunderte sich, dass der Junge gar nicht dicker wurde.

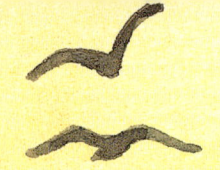

Eines Tages wollte die Hexe nicht länger warten und machte ein Feuer im Backofen. Sie rief Gretel und sagte: „Kriech hinein und schau nach, ob das Feuer schön brennt!" Gretel ahnte, was die Hexe mit ihr vorhatte, und stellte sich dumm: „Ich weiß aber nicht, wie ich da hineinkomme. Zeig du es mir!" – Schimpfend steckte die Hexe ihren Kopf in den Backofen. Da gab Gretel ihr einen kräftigen Stoß, sodass die Hexe in den Ofen hineinfiel und verbrannte.

Gretel lief schnell zu Hänsel und befreite ihn. Die beiden
fielen sich um den Hals vor lauter Freude. Dann gingen sie
in das Häuschen der Hexe und füllten ihre Taschen mit Perlen
und Edelsteinen. Als diese voll waren, machten sie sich auf
den Weg nach Hause. Sie liefen und liefen, bis sie schließlich
das Haus ihres Vaters erblickten. Die böse Stiefmutter war
inzwischen gestorben.
Der Vater aber schloss seine beiden Kinder fest in die Arme
und alle drei lebten glücklich bis an ihr Lebensende.

Dornröschen

Vor vielen Jahren lebten ein König und eine Königin,
die wünschten sich sehnlichst ein Kind. Als sie endlich
eine Tochter bekamen, gaben sie vor Freude ein großes
Fest auf dem Schloss. Verwandte, Freunde und zwölf Feen
wurden eingeladen. Im Königreich lebten dreizehn Feen,
doch im Schloss gab es nur zwölf goldene Teller und so
musste eine von ihnen zu Hause bleiben.
Die zwölf Feen schenkten der kleinen Prinzessin ihre
Wundergaben: Tugend, Schönheit, Reichtum und alles,
was man sich sonst noch wünschen kann. Als aber die elfte
Fee ihren Wunsch gerade ausgesprochen hatte, ging die Tür
auf und die dreizehnte Fee stürmte herein. Weil sie keine
Einladung bekommen hatte, war sie sehr böse und rief:
„Wenn die Königstochter fünfzehn Jahre alt ist, soll sie sich
an einer Spindel stechen und tot umfallen."
Dann verschwand die böse Fee wieder. Alle waren sehr
erschrocken.

35

Die zwölfte Fee jedoch hatte ihren Wunsch noch übrig und wollte der Königstochter helfen.

Sie sagte: „Die Prinzessin soll nicht tot sein, sondern hundert Jahre schlafen."

Die Eltern hatten große Angst um ihre Tochter und ließen alle Spindeln im ganzen Königreich verbieten.

An ihrem fünfzehnten Geburtstag aber geschah es, dass die Eltern nicht zu Hause waren und die Prinzessin eine Zeit lang allein war. Sie ging durch das ganze Schloss und schaute in jedes Zimmer und in jede Kammer hinein. Schließlich kam sie zu einem Turm. Sie stieg die Treppe hinauf und öffnete die Tür. Im Turmzimmer saß eine alte Frau, die hatte eine Spindel in der Hand. Die Prinzessin fragte: „Guten Tag, was machst du da?"

Die Frau antwortete: „Ich spinne einen Faden."

Die Königstochter wollte es selbst einmal versuchen und nahm die Spindel in die Hand. Doch kaum hatte sie die Spindel berührt, stach sie sich in den Finger.

38

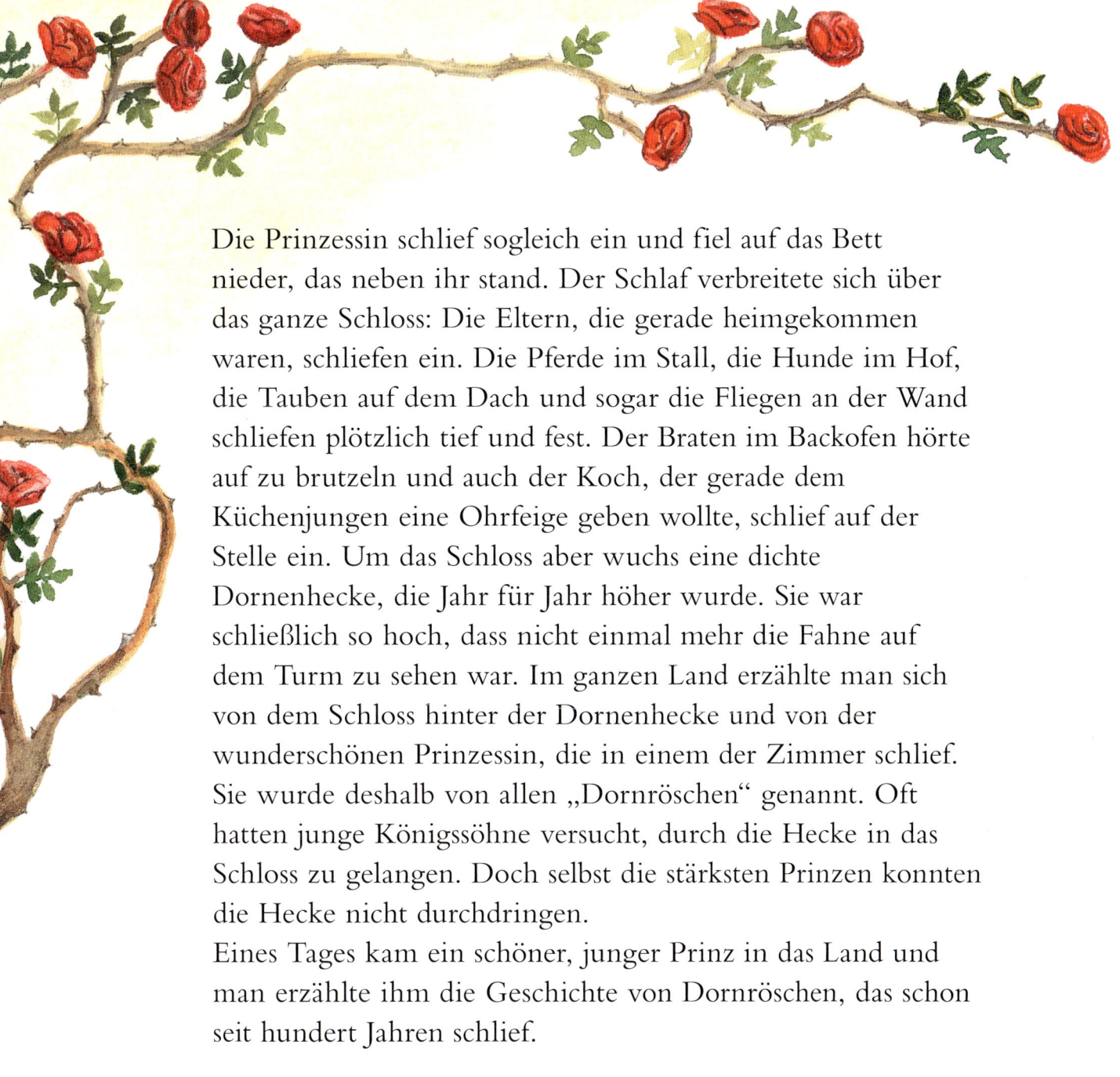

Die Prinzessin schlief sogleich ein und fiel auf das Bett nieder, das neben ihr stand. Der Schlaf verbreitete sich über das ganze Schloss: Die Eltern, die gerade heimgekommen waren, schliefen ein. Die Pferde im Stall, die Hunde im Hof, die Tauben auf dem Dach und sogar die Fliegen an der Wand schliefen plötzlich tief und fest. Der Braten im Backofen hörte auf zu brutzeln und auch der Koch, der gerade dem Küchenjungen eine Ohrfeige geben wollte, schlief auf der Stelle ein. Um das Schloss aber wuchs eine dichte Dornenhecke, die Jahr für Jahr höher wurde. Sie war schließlich so hoch, dass nicht einmal mehr die Fahne auf dem Turm zu sehen war. Im ganzen Land erzählte man sich von dem Schloss hinter der Dornenhecke und von der wunderschönen Prinzessin, die in einem der Zimmer schlief. Sie wurde deshalb von allen „Dornröschen" genannt. Oft hatten junge Königssöhne versucht, durch die Hecke in das Schloss zu gelangen. Doch selbst die stärksten Prinzen konnten die Hecke nicht durchdringen.

Eines Tages kam ein schöner, junger Prinz in das Land und man erzählte ihm die Geschichte von Dornröschen, das schon seit hundert Jahren schlief.

Da sprach der Prinz: „Ich fürchte mich nicht!" Und als
er sich der Hecke näherte, verwandelten sich die Dornen in
lauter große, schöne Blumen. Die Hecke öffnete sich und er
betrat das Schloss. Schließlich fand der Prinz das Zimmer im
alten Turm. Er öffnete die Tür und sah das schlafende
Dornröschen. Dem Prinzen gefiel die Königstochter so sehr,
dass er zu ihr ging und sie küsste.

Da schlug Dornröschen die Augen auf und sah ihn
freundlich an. Mit ihr waren alle Schlossbewohner
aufgewacht: Die Eltern erwachten, die Pferde im Stall
erhoben sich, die Hunde sprangen auf und die Tauben
flatterten über den Hof. Der Braten fing wieder an zu
brutzeln und der Koch gab dem Küchenjungen eine
Ohrfeige. Mit aller Pracht wurde die Hochzeit von
Dornröschen und dem Königssohn gefeiert und sie
lebten vergnügt bis an ihr Lebensende.

41

Aschenputtel

Es war einmal ein Mädchen, dessen Mutter gestorben war.
Der Vater hatte nach kurzer Zeit wieder geheiratet, doch die
Stiefmutter und ihre zwei Töchter waren sehr böse.
Sie ließen das Mädchen Tag für Tag hart arbeiten, von früh
bis spät. Es durfte auch nicht in einem Bett schlafen, sondern
musste sich neben den Herd in die Asche legen. So wurde es
von allen nur „Aschenputtel" genannt.
Eines Tages verreiste der Vater und wollte den Töchtern etwas
mitbringen. Seine Stieftöchter wünschten sich Kleider, Perlen
und Edelsteine. Aschenputtel aber sagte: „Vater, den ersten
Zweig, der dir auf dem Heimweg an den Hut stößt, den bringe
mir mit." Und der Vater brachte den Stieftöchtern wertvolle
Kleider und Schmuck, dem Aschenputtel aber den Zweig eines
Haselnussbaums.
Aschenputtel ging zum Grab seiner Mutter, steckte dort den
Zweig in die Erde und begoss das Ästlein mit seinen Tränen.
Weil Aschenputtel sehr oft dorthin kam und weinte, wurde
der Haselzweig bald zu einem schönen Baum. Und jedes Mal
flog ein weißes Vöglein herbei und setzte sich auf dessen
Zweige.

Eines Tages gab der König ein großes Fest, denn sein Sohn wollte
unter allen Mädchen des Landes eine Braut aussuchen.
Die Stiefmutter und ihre Töchter machten sich hübsch für diesen
Ball und auch Aschenputtel wollte gern dabei sein. Als es die
Stiefmutter danach fragte, schüttete diese zwei Schüsseln voller
Linsen in die Asche und sagte: „Wenn du die Linsen in einer
Stunde aus der Asche herausgelesen hast, darfst du mitgehen."

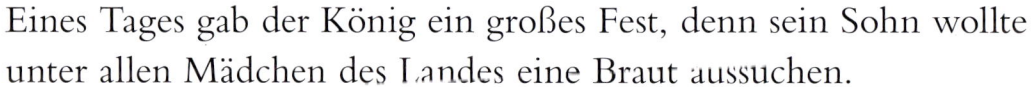

Aschenputtel öffnete das Fenster und rief: „Ihr lieben Täubchen, kommt und helft mir: Die guten Linsen ins Töpfchen, die schlechten ins Kröpfchen." Da kamen von allen Seiten viele Täubchen herbei und lasen – pick, pick, pick – die guten Linsen in die Schüsseln. Nach einer halben Stunde ging Aschenputtel mit den vollen Schüsseln zur Stiefmutter und glaubte, sie dürfe nun mit auf den Ball.

Die Stiefmutter aber sagte: „Es hilft dir alles nichts. Du kommst nicht mit, denn du hast keine Kleider und kannst nicht tanzen." Und sie fuhr mit ihren Töchtern davon. Aschenputtel war sehr traurig und ging zum Grab seiner Mutter. Unter dem Haselbaum rief es: „Bäumchen, rüttel dich und schüttel dich, wirf Gold und Silber über mich." Da warf ihm der weiße Vogel ein wunderschönes Kleid herunter und dazu feine goldene Schuhe. Aschenputtel zog sich eilig um und lief zum Fest ins Schloss. Als es den Saal betrat, staunten alle über das geheimnisvolle schöne Mädchen. Der Königssohn forderte es gleich zum Tanz auf und tanzte den ganzen Abend nur mit ihm. Um Mitternacht aber musste Aschenputtel das Schloss wieder verlassen. Der Prinz hätte es gerne nach Hause gebracht, doch Aschenputtel entwischte ihm. Es rannte die Treppe des Schlosses so schnell hinunter, dass es dabei einen Schuh verlor. Den fand der Prinz und nahm ihn an sich. Er sprach: „Keine andere soll meine Frau werden, als die, an deren Fuß dieser goldene Schuh passt."

Bei seiner Suche kam der Prinz auch zum Haus von Aschenputtel. Die Stieftöchter kamen eilig herbei und versuchten,
den Schuh anzuziehen, aber er passte ihnen nicht.
„Habt ihr keine andere Tochter?", fragte der Prinz.
„Nur ein kleines Aschenputtel", antwortete der Vater. Aber
der Prinz wollte auch dieses Mädchen sehen und es musste
auch gleich den Schuh anprobieren. Der Schuh passte
Aschenputtel wie angegossen.

Da erkannte der Prinz das schöne Mädchen wieder und rief: „Das ist die Richtige!" Als sie gemeinsam zum Schloss ritten, riefen zwei Täubchen: „Rucke di guh, es passt der Schuh, der Schuh ist nicht zu klein, die rechte Braut, die führt er heim." Und als Aschenputtel und der Prinz ihr fröhliches Hochzeitsfest feierten, waren auch Aschenputtels Freunde, die Täubchen, dabei.

Die Prinzessin auf der Erbse

Es war einmal ein Prinz, der gerne heiraten wollte. Seine Braut sollte eine echte Prinzessin sein. Er reiste durch alle Länder der Welt und suchte nach einer Braut. Doch er wusste nie, ob auch tatsächlich eine richtige Prinzessin vor ihm stand, und kehrte deshalb ohne Braut zum Schloss seiner Eltern zurück.

Der Prinz wollte aber nicht mehr allein sein und war darum sehr traurig. Nicht einmal der König und die Königin konnten ihn trösten. Eines Abends tobte ein fürchterliches Gewitter: Es regnete in Strömen, helle Blitze waren am Himmel zu sehen und von Zeit zu Zeit donnerte es laut und krachend. Während dieses Unwetters klopfte es am Schlosstor.

Der König öffnete das Tor und draußen stand ein Mädchen. Aber, ach du liebe Zeit! Es war bei dem Regen ganz nass geworden und von seinen Haaren und den Kleidern tropfte es nur so herunter. Das Mädchen aber sagte, dass es eine echte Prinzessin sei, und der König ließ es hereinkommen.

Die Königin wollte wissen, ob das Mädchen die Wahrheit gesagt hatte, und ging ins Schlafzimmer. Dort nahm sie alle Kissen und Decken und sogar die Matratze vom Bett herunter. Dann versteckte sie eine Erbse im Bett und legte zwanzig Matratzen und dicke Daunendecken darüber.
Bald darauf ging das Mädchen schlafen, denn es war sehr müde.
Als das Mädchen am nächsten Morgen erwachte, wurde es gefragt, wie es denn geschlafen habe. Es antwortete: „Oh, entsetzlich schlecht! Ich habe fast die ganze Nacht kein Auge zugetan. Gott weiß, was in meinem Bett gewesen sein mag. Ich habe auf etwas Hartem gelegen. Jetzt tut mir alles weh!"

Da wusste die Königin, dass auf der Erbse wirklich
eine Prinzessin geschlafen hatte. Denn nur eine echte
Prinzessin kann durch so viele Matratzen hindurch
eine winzige Erbse spüren.
Der Prinz freute sich sehr, dass er endlich die richtige
Braut gefunden hatte.
Die beiden heirateten und waren sehr glücklich
miteinander. Die Erbse jedoch kam ins Museum und
dort kann man sie sich noch immer ansehen, wenn sie
in der Zwischenzeit nicht jemand gestohlen hat.

55

Der Froschkönig

Es war einmal ein König, dessen jüngste Tochter war so schön, dass selbst die Sonne lächelte, wenn sie ihr ins Gesicht schien. An heißen Sommertagen spielte die Prinzessin am liebsten am Brunnen im kühlen Wald. Sie besaß nämlich eine goldene Kugel, die warf sie immer wieder in die Höhe und fing sie gleich wieder auf.

Eines Nachmittags fiel die goldene Kugel in den Brunnen hinein. Der Brunnen war sehr tief und die Prinzessin konnte ihre Kugel nicht mehr herausholen. Die Königstochter war darüber so traurig, dass sie laut weinte und schluchzte.

Da streckte plötzlich ein Frosch den Kopf aus dem Wasser. „Dieser hässliche Wasserpatscher hat mir noch gefehlt", dachte die Prinzessin. Der Frosch aber sprach: „Weine nicht. Ich kann deine Kugel wieder heraufholen. Was gibst du mir, wenn ich dir helfe?" – „Alles, was du willst, lieber Frosch, sogar meine Perlen und Edelsteine", antwortete die Prinzessin erstaunt. Doch der Frosch hatte einen ganz anderen Wunsch: „Deine Perlen und Edelsteine mag ich nicht. Du sollst mich lieb haben und als dein Spielkamerad will ich mit dir auf dem Schloss wohnen."

Die Prinzessin versprach es. Nach kurzer Zeit tauchte der Frosch mit der Kugel aus dem tiefen Brunnen auf und warf sie ins Gras. Die junge Königstochter jubelte vor Freude und rannte eilig mit ihrem goldenen Spielzeug davon.
Der Frosch rief noch hinter ihr her: „Nimm mich mit, ich kann nicht so schnell laufen wie du."

Doch die Prinzessin beachtete ihn schon nicht mehr. Am nächsten Abend aber, als die Prinzessin mit dem König und der Königin beim Essen saß, klopfte es an der Tür. Sie hörte eine Stimme rufen: „Königstochter, jüngste, mach mir auf. Weißt du nicht mehr, was du gestern am Brunnen zu mir gesagt hast?"

Die Prinzessin öffnete die Tür und da saß der Frosch und wollte zu ihr hinein. Gerade wollte sie die Türe schließen, als ihr Vater fragte: „Was will der Frosch von dir?" Nachdem der König alles gehört hatte, sagte er: „Was du versprochen hast, musst du auch halten. Mach ihm auf."

Die Prinzessin musste den Frosch also hereinholen, ihn auf den Tisch neben ihren Teller setzen und mit ihm essen.

Als der Frosch müde war, verlangte er: „Trag mich in dein Kämmerlein, da wollen wir uns schlafen legen."

Die Prinzessin erschrak, denn sie wollte den kalten, nassen Frosch nicht in ihrem schönen Bettchen haben. Doch der König sagte: „Wer dir geholfen hat, den sollst du danach nicht vergessen." Die Prinzessin trug den glitschigen Frosch mit zwei Fingern die Treppe hinauf in ihr Zimmer. Dort wollte der Frosch auf ihrem Kissen schlafen. Da wurde die Prinzessin sehr ärgerlich und warf den armen Frosch an die Wand.

Als er aber herunterfiel, war er kein Frosch mehr, sondern ein schöner und freundlicher Prinz. Vor langer Zeit hatte eine böse Hexe ihn in einen Frosch verwandelt. Der König gab seine Tochter dem Prinzen zur Frau. Schon am nächsten Tag fuhren sie in sein Königreich und bald darauf wurde Hochzeit gefeiert.

61

Die Bremer Stadtmusikanten

Es war einmal ein Esel, der hatte für seinen Herrn viele Jahre lang schwere Säcke zur Mühle geschleppt. Aber nun war der Esel alt und schwach geworden. Eines Tages hörte der Esel den Müller schimpfen: „Du fauler Esel, du taugst nicht mehr zur Arbeit. Ich werde dich weggeben."

Da beschloss der Esel fortzulaufen. Er wollte sich aufmachen nach Bremen, um dort Stadtmusikant zu werden. Als der Esel eine Weile gegangen war, traf er einen alten Hund, der vom Hof gejagt worden war und nicht wusste, was er jetzt tun sollte. „Weißt du was?", sagte der Esel, „ich gehe nach Bremen und werde Stadtmusikant. Komm doch mit mir."

Dem Hund gefiel die Idee und sie gingen weiter. Ein wenig später trafen sie eine graubärtige Katze und kurz darauf einen alten Hahn. Auch diese beiden waren von ihrem Hof weggelaufen. So machten sie sich schließlich zu viert auf den Weg nach Bremen, um Stadtmusikanten zu werden: der Esel, der Hund, die Katze und der Hahn.

63

Die Stadt Bremen aber lag so weit weg, dass die Tiere sie nicht an einem Tag erreichen konnten. Am Abend kamen sie in einen Wald, dort wollten sie übernachten. Der Hahn entdeckte als Erster ein Haus, in dem Licht brannte. Räuber saßen darin, die aßen und tranken. Ach, wenn sie die Räuber doch aus dem Haus jagen könnten! Sie hatten alle großen Hunger und in dem Haus konnte man bestimmt sehr bequem schlafen. Da hatten die Tiere eine Idee.

Der Esel stellte sich mit den Vorderhufen auf das Fensterbrett, der Hund sprang auf den Rücken des Esels, die Katze kletterte auf den Hund und der Hahn flog hinauf und setzte sich der Katze auf den Kopf. Nun sangen sie alle so laut sie konnten: Der Esel schrie „Iah, iah!", der Hund bellte „Wau, wau!", die Katze miaute „Miau, miau!" und der Hahn krähte immer wieder „Kikeriki!".
Dann sprangen sie mit einem Satz in die Stube hinein.

65

Die Räuber erschraken sehr. Sie dachten, ein Gespenst sei hereingekommen, und flohen in den Wald. Die vier Tiere hingegen setzten sich an den Tisch und aßen von den guten Speisen. Schließlich suchte sich ein jeder satt und müde ein Plätzchen für die Nacht und schlief gleich ein.

Als kein Licht mehr brannte, schlich einer der Räuber wieder zum Haus. Aber die Tiere hörten ihn. Kaum hatte er die Tür geöffnet, sprang ihm die Katze ins Gesicht, der Hund biss ihn ins Bein und der Esel gab ihm einen kräftigen Tritt.

Schließlich krähte noch der Hahn vom Balken herab: „Kikeriki!"

Da rannte der Räuber davon, so schnell er nur konnte.

Er erzählte den anderen: „In dem Haus ist ein grausames Ungeheuer, lasst uns nie wieder dorthin zurückkehren!"

Den vier Musikanten jedoch gefiel es so gut in dem Haus, dass sie beschlossen, für immer dort zu bleiben. Und sie lebten fröhlich miteinander bis an ihr Lebensende.

Der Wolf und die sieben Geißlein

Es war einmal eine Ziege, die hatte sieben kleine Geißlein. Eines Tages musste sie in den Wald gehen, um Futter zu holen. Sie sprach zu den Geißlein: „Meine lieben Kinder, nehmt euch in Acht vor dem bösen Wolf! Lasst ihn ja nicht herein, sonst frisst er euch alle mit Haut und Haar. Ihr erkennt ihn an seiner rauen Stimme und seinen schwarzen Pfoten."

Die Geißlein antworteten: „Liebe Mutter, wir werden den Wolf bestimmt nicht hereinlassen. Du kannst ohne Sorge fortgehen." Und so machte sich die Ziegenmutter beruhigt auf den Weg.

Es dauerte nicht lange, da klopfte es an der Tür. Jemand rief: „Macht auf, ihr lieben Kleinen, eure Mutter ist zurück und hat euch etwas mitgebracht."

Aber die Geißlein erkannten den Wolf. Sie riefen: „Wir machen nicht auf. Unsere Mutter hat eine feine und liebliche Stimme, aber deine Stimme ist rau. Du bist der Wolf!"

Da ging der Wolf wieder und kaufte sich ein Stück Kreide. Diese aß er und seine Stimme wurde auf einmal ganz weich.

Dann kam er zurück, klopfte erneut an die Haustür und rief: „Macht auf, ihr lieben Kleinen, eure Mutter ist zurück und hat euch etwas mitgebracht." Aber die Kinder sahen die Pfote des Wolfes auf dem Fensterbrett und antworteten: „Wir machen nicht auf. Unsere Mutter hat weiße Pfoten, aber deine sind schwarz. Du bist der Wolf!"

Da lief der Wolf schnell zu einem Müller und ließ sich weißes Mehl über die Pfote streuen. Er klopfte zum dritten Mal an die Haustür. Als die Geißlein nun sahen, dass die Pfote weiß war, glaubten sie ihm und öffneten die Tür.

Doch wie erschraken sie, als plötzlich der Wolf vor ihnen stand! Schnell versteckten sie sich im ganzen Haus. Aber der Wolf fand sie alle und verschlang eines nach dem anderen – bis auf das Jüngste, das hatte sich im Uhrenkasten versteckt. Wenig später kehrte die Ziegenmutter aus dem Wald zurück. Ach, was musste sie da erblicken! Die Haustür stand sperrangelweit offen und Tisch und Stühle waren umgeworfen. Die Mutter rief ihre Kinder der Reihe nach. Doch nur das Jüngste konnte sie finden, das noch immer im Uhrenkasten steckte.

Das junge Geißlein erzählte der Mutter, was geschehen war. Die Ziege weinte sehr um ihre Kinder, doch dann ging sie hinaus, um den Wolf zu suchen. Dieser lag unter einem Baum und schnarchte so laut, dass die Äste zitterten. Aber da, in seinem Bauch bewegte sich etwas! „Vielleicht leben meine Kinder ja noch", dachte die Ziege. Sie schickte das jüngste Geißlein nach Hause, um ihr Schere, Nadel und Faden zu holen. Dann schnitt sie dem Bösewicht *schnipp, schnapp* den Bauch auf – und heraus sprangen nacheinander sechs muntere Geißlein!

Die sieben Geißlein und ihre Mutter trugen nun schwere Steine herbei, legten sie in den Bauch des Wolfes und nähten ihn schnell wieder zu. Wenig später wurde der Wolf wach und hatte großen Durst. Als er sich zum Brunnen schleppte, stießen die Steine in seinem Bauch aneinander. Der Wolf wunderte sich: „Was rumpelt und pumpelt in meinem Bauch herum?" Endlich kam er am Brunnen an, doch als er daraus trinken wollte, stürzte er in den Brunnen hinein. Die Ziegenmutter und ihre sieben Geißlein kamen herbeigelaufen. Laut riefen sie: „Der Wolf ist tot, der Wolf ist tot" und tanzten vor Freude um den Brunnen herum.

73

Das hässliche Entlein

Es war einmal eine Ente, die saß schon viele Tage am Ufer eines Baches auf ihrem Nest und brütete. Aber die Küken wollten einfach nicht schlüpfen. Da – endlich – knackte es leise und ein Ei zersprang. Und kurz darauf folgten die anderen. Heraus purzelten mit lautem „Piep, piep" niedliche gelbe Entenkinder. Nur ein Ei, das größte von allen, lag noch heil im Nest. Geduldig setzte sich die Ente wieder darauf und brütete weiter. Warum brauchte das Ei bloß so lange?

Doch dann brach auch das letzte Ei auf und mit einem „Piep, piep" kletterte das Junge heraus. Aber wie sah es nur aus? Es war groß, ganz grau und nicht so hübsch wie die anderen. Die Entenmutter freute sich auch über das jüngste Küken. Seine Geschwister aber ärgerten das graue Entlein, wo sie nur konnten. Sie wollten nicht mit ihm spielen und schnatterten böse: „Du bist viel zu groß und hässlich, wir mögen dich nicht!" Und auch die großen Enten lachten es aus.

Das kleine Entlein war sehr traurig, weil es so anders war und keiner es mochte.

So beschloss das arme Entlein fortzulaufen. Es kam zu einem großen Moor, wo wilde Enten und Gänse lebten. Auch diese wussten nichts mit ihm anzufangen. Kein Tier, dem es begegnete, hatte je von einem grauen Entenküken gehört. Das Entlein gelangte schließlich zu einem alten, schiefen Bauernhaus. „Vielleicht kann ich dort ein Zuhause finden", dachte es und schlüpfte hinein. In dem Haus lebte eine alte Frau mit einem Kater und einer Henne. Beide waren der Frau lieb und teuer: der Kater, weil er so schön schnurren konnte, und die Henne, weil sie täglich ein Ei legte. Als die Frau das graue Entlein erblickte, hoffte sie, dass es auch Eier legen würde.

76

Aber es legte nicht ein einziges. Bald fingen der Kater und die Henne an, das Entlein zu ärgern. Da dachte es bei sich: „Ich habe zwar ein Dach über dem Kopf, aber wer weiß, was passiert, wenn die Frau merkt, dass ich keine Eier legen kann. Der Kater und die Henne verspotten mich nur. Außerdem möchte ich so gerne raus in die Sonne, im Wasser schwimmen, tauchen und plantschen." Eines Tages stand die Tür einen Spalt auf und das Entlein schlüpfte hinaus.

Das Entlein lief über die Wiese zum See, sprang ins Wasser, schwamm glücklich seine Runden und tauchte bis zum Grund. Schließlich fand es ein Versteck im Schilf. Dort lebte es den ganzen Sommer lang. Da es aber so hässlich war, beachteten es die anderen Vögel und Tiere überhaupt nicht. Es wurde Herbst und die Tage und Nächte wurden kälter. Eines Abends, als gerade die Sonne unterging, sah das Entlein viele große Vögel in den Himmel hinaufsteigen und wegfliegen. Noch nie hatte es so schöne Tiere gesehen!
Das Entlein wusste nicht, dass es Schwäne waren, die sich auf den Weg Richtung Süden machten, um dort den Winter zu verbringen.

Das Entlein sah ihnen hinterher und konnte sie nicht mehr vergessen. Es wünschte sich, auch einmal so schön zu sein und mit den Schwänen davonfliegen zu können.

Schließlich kam der Winter übers Land und es wurde bitterkalt. Das Entlein fror fürchterlich. Aber es überstand den Winter mit Müh und Not. Als das Frühjahr kam, lag das Entlein schwach im Schilf am Ufer des Sees.

Die ersten Sonnenstrahlen wärmten es und gaben ihm Kraft. Eines Tages stand das Entlein auf und hob seine Flügel. Wie überrascht es war, als es auf einmal fliegen konnte! Es schwang sich in die Lüfte empor und flog zu einem nahegelegenen Fluss. Auf dem Wasser schwammen vier wunderschöne weiße Schwäne vorbei. „Ich möchte so gerne zu ihnen gehören", dachte es, „aber bestimmt werden sie mich nur ärgern und auslachen." Schließlich traute sich das Entlein doch und flog zu den Schwänen. Es landete im Wasser, neigte ängstlich seinen Kopf und sah dabei sein Spiegelbild. Da blickte ihm jedoch kein hässliches Entlein mehr entgegen, sondern ein schöner weißer Schwan!

Die Schwäne begrüßten den jungen Schwan freundlich und von nun an lebte das Entlein, das die ganze Zeit über ein Schwanenkind gewesen war, mit ihnen. Die anderen Tiere und auch die Menschen bewunderten ihn wegen seiner Schönheit. Sie sagten sogar, er sei der schönste von allen. Und der Schwan dachte bei sich: „Solch ein Glück hätte ich mir nie träumen lassen, als ich noch das hässliche Entlein war!"

81

Der gestiefelte Kater

Es war einmal ein Müller, der hatte drei Söhne. Als der Müller starb, erbte der Älteste die Mühle und der Zweite einen Esel. Der Jüngste aber bekam einen Kater. Er ärgerte sich sehr darüber.

„Was soll ich denn nur mit einem Kater?", fragte er sich.

Da trat der Kater zu ihm und sprach: „Schenke mir ein Paar Stiefel. Dann kann ich in die Welt gehen und dir zu deinem Glück verhelfen."

Der Müllerssohn wunderte sich über den Wunsch des Katers. Aber da gerade ein Schuster vorbeikam, tat er ihm den Gefallen und ließ ein Paar Stiefel machen. Als die Stiefel fertig waren, schlüpfte der Kater hinein, nahm einen Sack und eine Handvoll Getreide und ging auf zwei Beinen zur Tür hinaus. Damals regierte in dem Land ein König, dessen Lieblingsspeise Rebhühner waren. Diese waren jedoch sehr schwer zu fangen. Der Kater wusste das und hatte einen Plan ausgeheckt, wie er schnell ganz viele Rebhühner für den König fangen könnte.

83

Der Kater ging in den Wald, breitete den Sack mit dem Getreide darin aus und versteckte sich im Gebüsch. Als wenig später die Rebhühner kamen und die Körner aufpicken wollten, schnürte der Kater den Sack in Windeseile zu. Und schon waren die Hühner gefangen! So schnell er konnte, lief der Kater nun zum Schloss des Königs und überbrachte ihm die Rebhühner.

Er sprach: „Mein Herr, der Graf, lässt Sie grüßen und schickt Ihnen diese Rebhühner!"

Der König war sehr erstaunt über den seltsamen Kater, freute sich aber über die Hühner und gab ihm als Dank einen Sack voller Gold. Dieses Gold gab der Kater gleich dem armen Müllerssohn. Von da an brachte der gestiefelte Kater dem König jeden Tag Rebhühner und wurde bei Hofe ein gern gesehener Gast.

Eines Tages machte der König mit seiner Tochter
eine Kutschfahrt. Der Kater hatte davon erfahren
und sagte zu dem Müllerssohn: „Komm schnell
mit zum See, du sollst dort baden."
Der Müllerssohn folgte ihm und als
er im Wasser schwamm, versteckte
der Kater dessen Kleider.

Als die Kutsche des Königs vorbeikam, trat der Kater hervor und jammerte: „Zu Hilfe! Mein Herr, der Graf, badet gerade im See, aber Diebe haben seine Kleidung gestohlen. Nun ist mein Herr im Wasser und kann nicht heraus." Da ließ der König sofort einige seiner Gewänder holen und da er den Grafen schon lange kennenlernen wollte, bat er ihn in die Kutsche. Auch die Königstochter freute sich, da ihr der Müllerssohn sehr gefiel.

Der Kater aber eilte weiter. Als er zu einer schönen Wiese kam, fragte er die Leute, die dort arbeiteten: „Wem gehört die Wiese?" Diese antworteten: „Dem großen Zauberer." Darauf sagte der Kater: „Wenn der König hier vorbeifährt, dann sagt: ‚Die Wiese gehört dem Grafen'. Wenn ihr das nicht tut, werdet ihr bestraft!" Genau so machte es der Kater an einem Kornfeld und an einem Wald: Die Leute sollten dem König immer die Auskunft geben, dass alles dem Grafen gehöre. Dann lief der Kater zum Schloss des großen Zauberers.

Der Kater eilte zum Zauberer und sprach:

„Ich habe gehört, dass du dich in jedes Tier verwandeln kannst. Könntest du dich denn auch in einen Elefanten verwandeln?"

87

Stolz antwortete der Zauberer: „Natürlich kann ich das!"
Und schon stand ein riesiger Elefant vor dem gestiefelten Kater.
„Das ist erstaunlich", lobte ihn der Kater. „Aber kannst du dich
auch in etwas ganz Kleines, zum Beispiel in eine Maus,
verwandeln? Das kann ich mir gar nicht vorstellen."
Der Zauberer war geschmeichelt von den Worten des Katers
und schon saß er als kleine Maus vor ihm. Da sprang der Kater
mit einem Satz zu dem Tier hin und fraß es auf.
In der Zwischenzeit war der König mit seiner Tochter und
dem Müllerssohn an der Wiese, dem Kornfeld und dem Wald
vorbeigefahren. Als der König erfuhr, dass alles dem Grafen
gehörte, staunte er sehr.
Schließlich erreichten sie das Schloss des Zauberers. Davor
stand der Kater und empfing sie mit den Worten:
„Willkommen im Schloss meines Herrn, des Grafen!"
Und wieder staunte der König über so viel Reichtum. Und da
sich die Königstochter und der Müllerssohn gleich sehr lieb
hatten, wurde bald Hochzeit gefeiert. Als der König starb,
wurde der Müllerssohn sein Nachfolger, der gestiefelte
Kater aber sein Erster Minister.

89

Der süße Brei

Es war einmal ein armes Mädchen. Es lebte mit seiner Mutter in einem kleinen Haus am Rande der Stadt. Eines Tages hatten sie nichts mehr zu essen und die Not war groß. Traurig lief das Mädchen in den Wald. Da begegnete ihm eine alte Frau. Sie wusste schon von seinen Sorgen und schenkte ihm ein wundervolles Töpfchen.

„Liebes Kind", sagte die Frau, „wenn du sprichst *Töpfchen, koche*, dann kocht es guten, süßen Brei. Und wenn du sagst *Töpfchen, steh*, so hört es auf zu kochen."

Glücklich brachte das Mädchen das Töpfchen zu seiner Mutter. Und das Töpfchen kochte für sie, sooft sie wollten. Sie aßen den guten Brei und mussten nie mehr Hunger leiden.

91

Eines Tages war die Mutter allein und weil sie vom süßen Brei essen wollte, sprach sie: „Töpfchen, koche". Und da kochte es und sie aß sich satt. Aber die Mutter wusste das Zauberwort nicht, damit das Töpfchen wieder aufhörte zu kochen.

Das Töpfchen kochte immer weiter. Der Brei lief über den Rand, floss in die Küche und in das ganze Haus.
„O weh", sagte die Mutter erschrocken, „das Töpfchen kocht und kocht und hört nicht mehr auf! Was soll ich nur tun?"

Schon war der süße Brei im Haus nebenan – und im Nu bedeckte er auch die Straße, floss auf die Plätze, Höfe und Wege und in die Gärten. Die Menschen staunten. Das Töpfchen kochte immerzu, als wollte es die ganze Welt satt machen. Bald war die Stadt übervoll von gutem, süßem Brei, der schon fast bis an die Dächer reichte.

Endlich kam das Mädchen herbeigelaufen und rief: „Töpfchen, steh". Und da stand das Töpfchen wieder still und hörte auf zu kochen. Wer aber in die Stadt wollte, der musste sich erst durchessen.

Die Wichtelmännchen

Es war einmal ein Schuster, der hatte kein Geld mehr in den Taschen. Er war so arm, dass ihm bloß etwas Leder geblieben war. Davon aber konnte man nur ein einziges Paar Schuhe machen.

Am Abend schnitt er das Leder zu, um am nächsten Morgen sogleich mit der Arbeit an den Schuhen zu beginnen. Dann ging er zu Bett, denn er war sehr müde.

Als er tags darauf erwachte und sich an den Tisch setzen wollte, standen die Schuhe schon fertig vor ihm. Der Schuster glaubte noch zu träumen und rief: „Solch schöne Arbeit geschah über Nacht? Wer mag das gewesen sein?"

Da trat ein Mann ins Geschäft und auch ihm gefielen die Schuhe. Er nahm sie und gab dem Schuster dafür so viel Geld, dass er Leder für zwei Paar Schuhe kaufen konnte.

Abends schnitt der Schuster erneut das Leder zu, denn er wollte es gleich am nächsten Tag zu schönen Schuhen machen. Doch am Morgen war die ganze Arbeit schon getan.

Der Schuster staunte. Er nahm die Schuhe in die Hände und sagte: „Kein Meister hätte sie besser schustern können!" Und wieder kamen Leute, die großen Gefallen an den Schuhen fanden und dafür reichlich bezahlten.

So ging es immer weiter: Wenn der Schuster abends das Leder zugeschnitten hatte, so fand er morgens die fertigen Schuhe auf dem Tisch. Bald war er ein wohlhabender Mann, doch er konnte sich noch immer nicht erklären, was nachts in seiner Werkstatt geschah.

Als der Schuster eines Abends wieder das Leder vorbereitet hatte, fragte er seine Frau: „Wie wäre es, wenn wir einmal wach blieben, um zu sehen, wer nachts immer so fleißig ist und uns so freundlich hilft?"

Also ließen sie ein kleines Licht brennen und versteckten sich im Zimmer. Um Mitternacht kamen zwei kleine Männchen hereinspaziert, die trugen bloß dünne Hemdchen. Sie setzten sich auf den Tisch, nahmen das Leder und begannen eilig zu nähen, zu klopfen und zu polieren. Als sie fertig waren, verschwanden sie genauso flink, wie sie gekommen waren. Am Morgen sprach die Frau: „Die kleinen Männlein haben uns reich gemacht, zum Dank wollen wir ihnen etwas schenken. Sie haben doch kaum etwas anzuziehen und frieren bestimmt. Ich werde ihnen Jäckchen und Höschen nähen. Auch kleine Strümpfe will ich für sie stricken. Mach du jedem ein Paar Schuhe dazu."

101

Der Schuster tat dies gerne und noch am selben Abend war alles bereit. Diesmal legten sie kein Leder, sondern die Geschenke auf den Tisch und versteckten sich wieder. Als die Wichtelmännchen um Mitternacht herbeikamen, wollten sie sich gleich an die Arbeit machen. Doch wie staunten sie, als sie statt des Leders die niedlichen Kleidungsstücke fanden. Sie zogen sich an, schlüpften in die Schuhe und sangen: „Sind uns're Kleider nicht schön und fein? Was soll'n wir länger Schuster sein!"
Sie hüpften vor Freude, sprangen über Stühle und Bänke und tanzten schließlich zur Tür hinaus. Von nun an kamen sie nicht mehr, aber der Schuster und seine Frau lebten glücklich und zufrieden. Und wenn sie nicht gestorben sind, dann leben sie noch heute.

103

Der dicke fette Pfannkuchen

Es waren einmal drei alte Schwestern, die bekamen eines Tages großen Appetit auf einen Pfannkuchen. So gab die erste ein Ei in die Schüssel, die zweite Milch und die dritte Butter und Mehl. Gemeinsam backten sie einen dicken fetten Pfannkuchen, der bald zu duften begann. Die Frauen freuten sich schon darauf, ihn zu essen. Doch da richtete sich der Pfannkuchen plötzlich auf, sprang aus der Pfanne und rollte eilig davon.

„Warte!", riefen die Schwestern und liefen hinter ihm her. Aber der Pfannkuchen war schneller und rollte – *kantapper, kantapper* – in den Wald hinein. Unterwegs begegnete ihm ein Häschen, das war sehr hungrig und sprach: „Pfannkuchen, Pfannkuchen, bleib hier, ich will dich fressen!"

Da antwortete der Pfannkuchen: „Den drei alten Schwestern bin ich weggelaufen und soll mich nun von dir, Häschen Hoppel, fressen lassen?"

Und damit rollte er – *kantapper, kantapper* – davon.

Da kam ein Wolf herbei, der rief: „Dicker fetter Pfannkuchen,
bleib doch stehen, ich will dich fressen!" Der aber sagte:
„Den drei alten Schwestern bin ich entkommen und auch
dem Häschen Hoppel und soll mich nun von dir,
Wolf Dickwanst, fressen lassen?"

Und wieder rollte er –
kantapper, kantapper – davon,
immer weiter in den Wald
hinein. Dann traf er eine Ziege,
die meckerte ihm entgegen:
„Pfannkuchen, roll' mir nicht weg,
denn ich will dich fressen!"
Doch der Pfannkuchen gab zur Antwort:
„Den drei alten Schwestern, dem Häschen
Hoppel und dem Wolf Dickwanst bin ich
davon gerollt und soll mich nun von dir,
Ziege Langbart, fressen lassen? Auf gar
keinen Fall!"
Und die Ziege sah ihm staunend nach,
wie er – *kantapper, kantapper* – davon rollte.
Bald traf er ein Pferd und auch das war
hinter dem Pfannkuchen her.
„Pfannkuchen, steh still, ich will
dich fressen!", wieherte es.

Doch der Pfannkuchen rollte – *kantapper, kantapper* –
den Weg entlang und rief ihm zu: „Den drei alten
Schwestern bin ich entkommen, auch dem Häschen Hoppel,
dem Wolf Dickwanst und der Ziege Langbart.
Du, Pferd Platthuf, wirst mich auch nicht fressen!"
Immer tiefer gelangte der Pfannkuchen in den Wald,
bis ihm ein Schwein entgegenkam.

Als es den dicken fetten Pfannkuchen sah, hatte es große Lust, ihn zu verspeisen, und grunzte: „Pfannkuchen, komm zu mir, ich will dich fressen!"
Aber der Pfannkuchen dachte nicht daran und antwortete: „Den drei alten Schwestern bin ich davon gerollt und auch dem Häschen Hoppel, dem Wolf Dickwanst, der Ziege Langbart und dem Pferd Platthuf. Nun soll ich mich von dir, Schweinchen Schmutzfuß, fressen lassen?"

Und schon war der Pfannkuchen – *kantapper, kantapper* – weiter gerollt. Er rollte vorbei an den Blumen des Waldes, einem plätschernden Bach und den mächtigen Tannen. Es war bereits Abend geworden und der Pfannkuchen wurde allmählich müde. Da kamen ihm drei Kinder entgegen. Sie hatten weder Vater noch Mutter und waren schrecklich hungrig. Als sie den Pfannkuchen entdeckten, machten sie große Augen und baten den Pfannkuchen:
„Lieber Pfannkuchen, bleib doch stehen! Wir haben den ganzen Tag noch nichts gegessen!"

Und als der Pfannkuchen die Bitte
der Kinder hörte, sprang er in ihren Korb.
Die Kinder freuten sich sehr und aßen
den leckeren Pfannkuchen bis zum
letzten Krümel auf.

Die Sterntaler

Es war einmal ein kleines Mädchen, das hatte keine Eltern mehr. Das Mädchen war so arm, dass es kein Zimmer hatte, um darin zu wohnen, und kein Bett, in dem es schlafen konnte. Es besaß nur noch die Kleider, die es trug, und ein Stückchen Brot, das es geschenkt bekommen hatte.
Das Mädchen aber war gut und freundlich zu allen Menschen und Tieren. So ging es ganz allein durch Wiesen und Felder, hinaus in die Welt.
Da begegnete ihm ein armer Mann, der sagte: „Ach, bitte, gib mir etwas zu essen, ich habe so großen Hunger."
Das Mädchen hatte Mitleid mit ihm und gab ihm das ganze Stück Brot.

113

Als das Mädchen weiterging, kam ein Kind, das jammerte: „Mich friert es so an meinem Kopf, bitte schenk mir doch etwas, womit ich mich wärmen kann." Da nahm das Mädchen die Mütze ab und gab sie ihm. Und es freute sich, dass es dem Kind helfen konnte. Nach einer Weile kam wieder ein Kind, das hatte keine Jacke. Da verschenkte das Mädchen auch seine Jacke. Bald darauf kam noch ein Kind, das fror. Dem schenkte das Mädchen seinen Rock.

Als es dunkel wurde, gelangte das Mädchen in einen Wald.
Der Mond schien hell durch die Bäume und leuchtete
auf den Weg. Es dauerte nicht lange, bis ihm erneut ein Kind
begegnete, und auch das fror ganz fürchterlich. Das Mädchen
dachte bei sich: Es ist dunkle Nacht, da sieht mich keiner,
ich kann auch mein Hemdchen verschenken.
Und so zog es sein Hemd aus und gab es
dem frierenden Kind.

Als das Mädchen aber nun im Wald stand und gar nichts mehr hatte, kein Kleid und kein Stückchen Brot, da sah es zum Himmel hoch. Dort oben strahlte und glitzerte es so geheimnisvoll ...
Und auf einmal fielen die Sterne vom Himmel!
Sie wurden beim Fallen zu lauter goldenen, glänzenden Talern.
Bald war der Boden ringsumher bedeckt von den vielen kostbaren Münzen. Und obwohl das Mädchen alles weggegeben hatte, trug es plötzlich ein neues, wunderschönes Kleid. Damit fing es nun die Taler auf und war reich für sein ganzes Leben.